Sandra Eichfelder

Malen und Lernen

Rechtschreiben mit Spaß
2. Schuljahr

Illustrationen von Corina Beurenmeister

D1619767

Dieses Heft gehört

_____

Name, Alter, Klasse, Lehrer/in

Buchstaben einsetzen

Suche die fehlenden Buchstaben.
Einer von den drei Buchstaben oder Buchstabengruppen
neben dem Wort ist der richtige. Wie heißt das Wort?

K _____ pf	a	u	o
k _____ fen	au	eu	ie
ko _____ en	st	ßt	rt
Ma _____ t	hr	rg	rk
Z _____ t	ie	ei	au
Se _____ ember	bd	bt	pt
T _____ r	ei	eu	ie
Pu _____ e	pp	rr	d
Sch _____ nz	re	wa	po
W _____ nung	oh	ir	o
R _____ gen	a	u	e
A _____ end	b	s	l

Zusammengehören

Alle Wörter in einer Gruppe haben etwas gemeinsam.
Nur eins nicht. Welches? Streich es durch.

Dezember	Pferd	Regen	kalt
April	Elefant	Luft	kann
Mai	Esel	Erde	Kasse
Juni	Feld	Berg	kaufen
Juli	Giraffe	Feuer	kein
Januar	Kuh	Not	lachen
Licht	Krokodil	Himmel	kommen
März	Hund	Schnee	König

Beim Einkaufen

Sabine ist beim Einkaufen gestolpert. Ihr ist alles durcheinander geflogen. Erkennst du, was sie im Korb hatte? Schreibe die Wörter richtig auf.

„ei" oder „ie"

Setze „ei" oder „ie" richtig in die Wörter ein.

R___ he

S___ te

Pr___ s

Z___ t

Br___ f

zw___

s___ gen

___ nen

arb___ ten

bl___ ben

F___ nd

G___ st

L___ be

T___ r

W___ se

w___ nen

gr___ fen

m___ nen

___ len

s___ ben

Monatsnamen

Suche in zwei Richtungen (nach rechts und nach unten), und kreise alle Monatsnamen ein.

```
G A K L G N O V E M B E R H D S A
D P G T S G X H S D G Z J D J K F
E R J K E T Z V N M E J A N U A R
Z I A R N B S F G A R M T U K F G
E L A T E G J C H R A Ä E W R S S
M J U N I W T A G R A R Z I L H E
B I G J U A H L B T E Z R S L T P
E O L A U G U S T L T J U L I A T
R O E W A G H T A B K Z S E Ä P E
A T F E B R U A R T M B E Ö Q R M
A N D R H F K U I O F M A I Ü E B
O K T O B E R Z S A E T Z G I T E
A B T E T R K L I B N R T F D A R
```

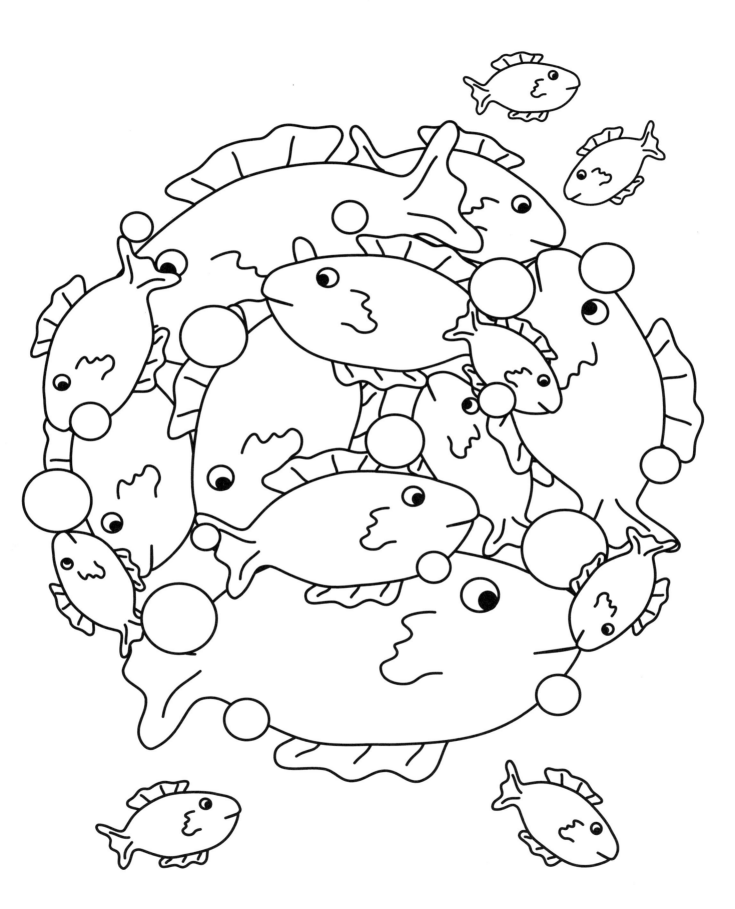

Die Monate

Weißt du, welcher Monat wann kommt?
Und was in den einzelnen Monaten passiert?
Dann ordne die Monatsnamen den Kalenderblättern zu.

Februar, Mai, September, Juni, März, Dezember, April,
August, November

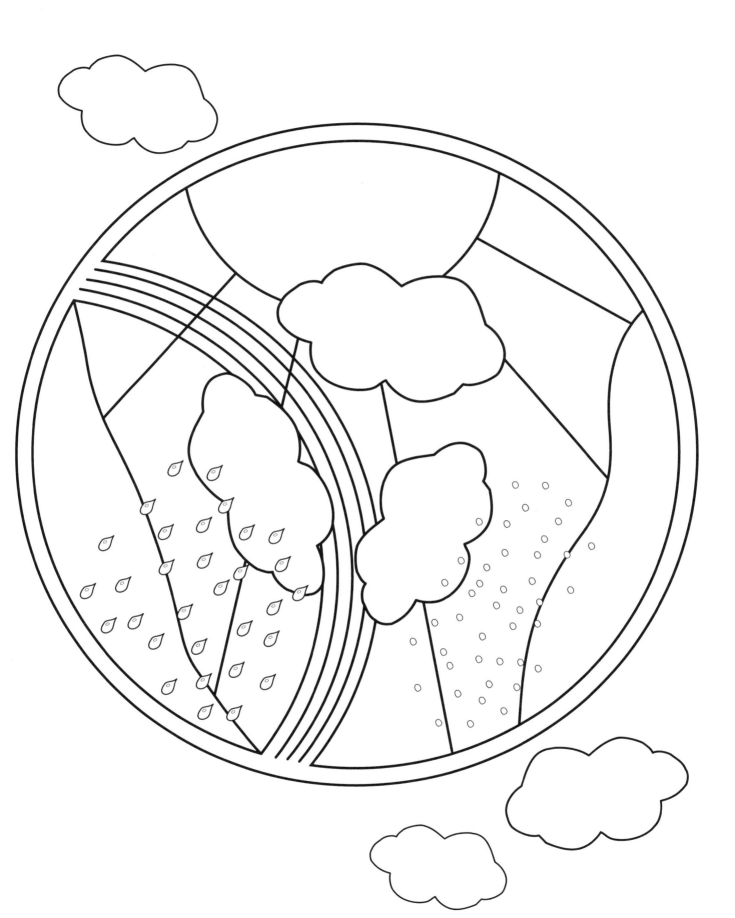

Begleiter

Wie heißt der richtige Begleiter? Schreibe ihn auf.

_____ Wind

_____ Erde

_____ Messer

_____ Welt

_____ Rücken

_____ Feind

_____ Regen

_____ Puppe

_____ Sache

_____ Uhr

_____ Freund

_____ Luft

_____ Zeit

_____ Tag

_____ Abend

_____ Wohnung

_____ Pferd

_____ Tier

_____ Kasse

_____ Nacht

Einzahl und Mehrzahl

Hier stehen die Wörter in der Einzahl.
Schreibe sie in der Mehrzahl auf.

die Puppe – _____

der Freund – _____

das Messer – _____

die Wohnung – _____

die Sache – _____

der Berg – _____

der Monat – _____

der Platz – _____

das Pferd – _____

das Zimmer – _____

die Stunde – _____

der Kopf – _____

Die Uhrzeit

Kannst du schon die Uhrzeit? Schreibe die Uhrzeit auf,
und lies die Wörter, die die Uhr bilden.

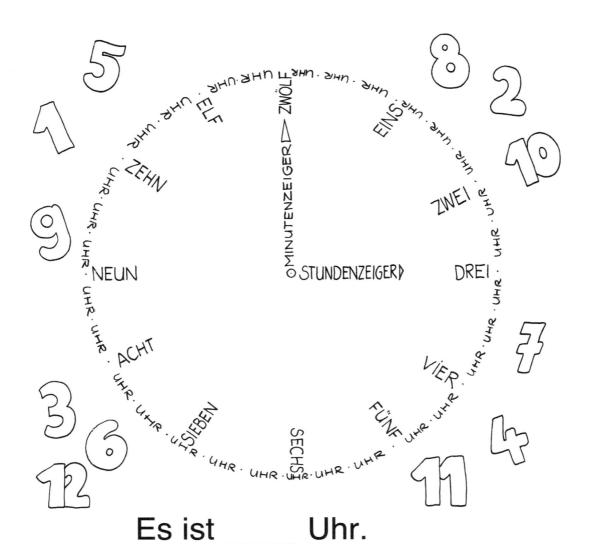

Es ist ____ Uhr.

Aus 2 mach 1

Setze die Wörter zu einem Wort zusammen.
Wie heißt das neue Wort?

die Sonne – die Blume _____

der Brief – der Freund _____

das Fenster – die Scheibe _____

der Stoff – das Tier _____

der Schnee – der Mann _____

die Puppe – der Wagen _____

das Zimmer – die Pflanze _____

das Haar – die Spange _____

der Fuß – der Ball _____

das Pferd – der Schwanz _____

die Uhr – der Zeiger _____

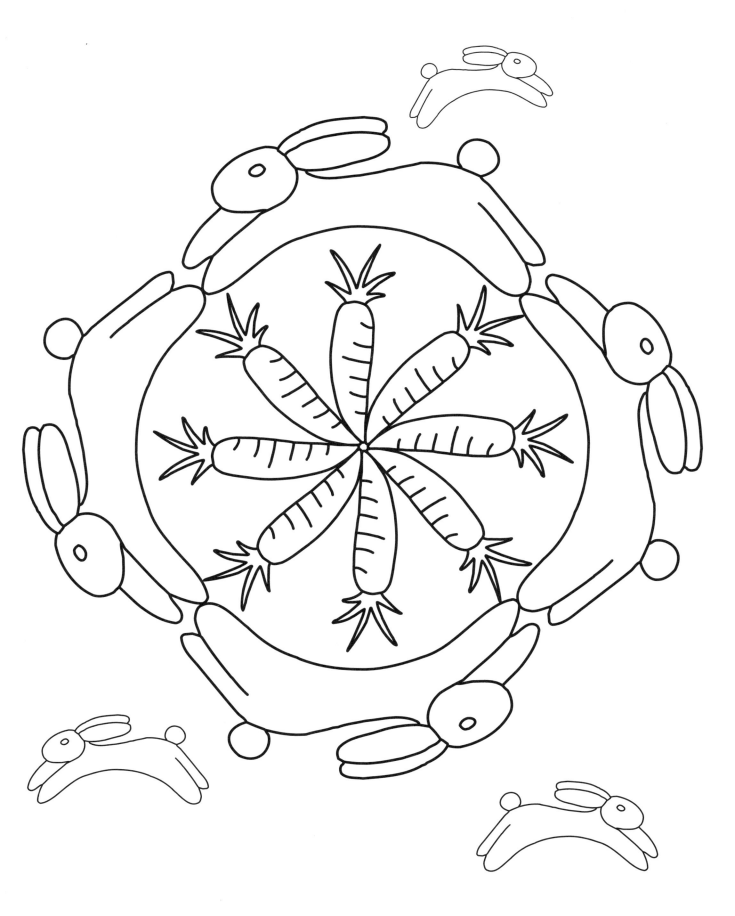

Silbenrätsel

Immer zwei Silben ergeben ein Wort.
Verbinde die zusammengehörigen Silben
mit einem Strich.

Wet-	be
Re-	mer
Schei-	ter
Fens-	gen
Zim-	ter

Wo-	nat
Mo-	che
Ge-	cken
Stun-	sicht
Rü-	de

Kreuzworträtsel

Wie heißen die Tiere?
Trage ihre Namen in der richtigen Reihenfolge in das Rätsel ein. Die Buchstaben in den grauen Kästchen ergeben ein Lösungswort.

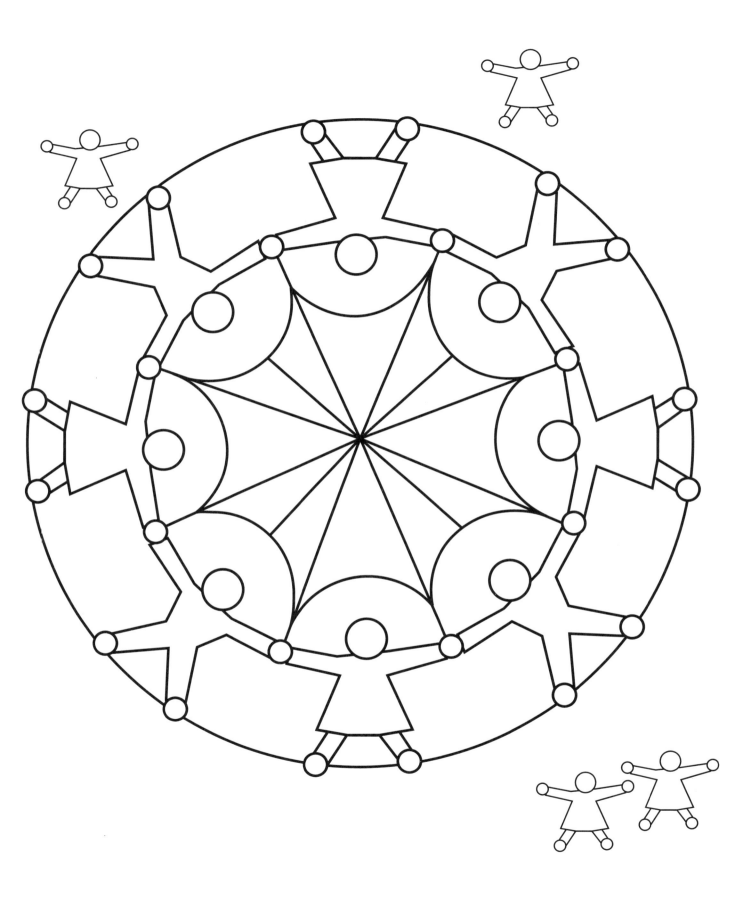

Gegenteil

Findest du das Gegenteil?
Verbinde die Paare mit einem Strich.

dunkel	flüssig
fest	alt
gut	heiß
jung	trocken
kalt	hell
nass	geschlossen
offen	hässlich
reich	böse
schön	vertraut
fremd	zahm
viel	arm
wild	wenig

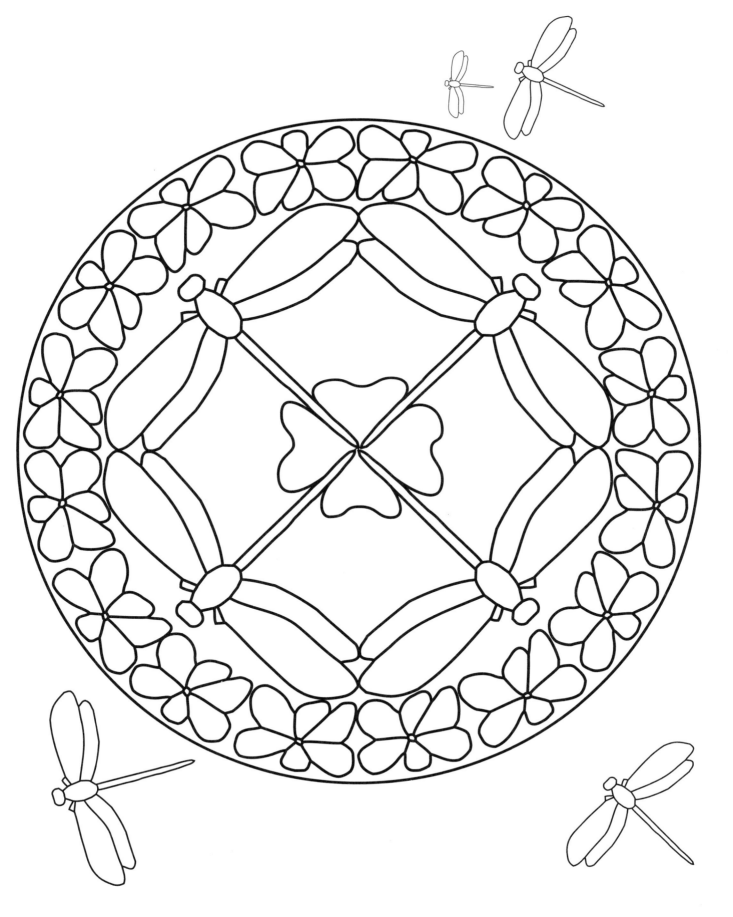

Wiewörter einsetzen

Unter diesen Wiewörtern findest du die passenden
Wörter für die folgenden Sätze. Setze sie ein.

dunkel, frisch, stolz, scharf, still, treu, rasch

Wenn es draußen _____ ist,

kann man manchmal die Sterne sehen.

Die Erdbeeren sind _____ gepflückt.

Ich gehe noch _____ zum Bäcker.

Die Peperoni ist aber_____.

Heute sind die Kinder besonders_____,

weil die Lehrerin mit ihnen über das

Schullandheim spricht.

Der Hund ist wirklich_____.

Heute kann ich_____ auf mich sein.

Ich war der Schnellste beim 50-m-Lauf.

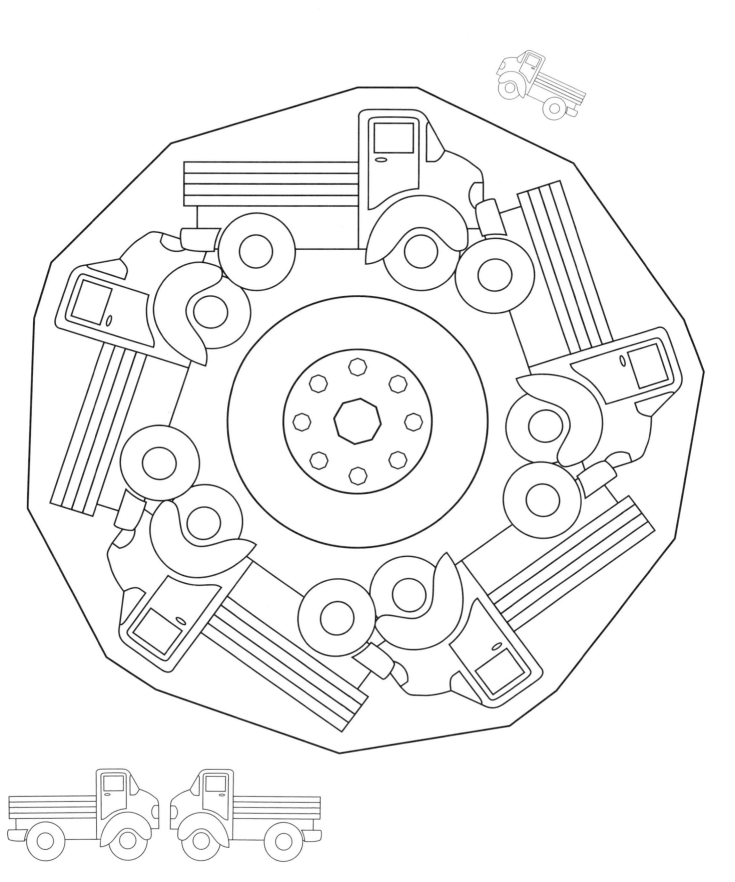

Wortsilben

Finde die zusammengehörigen Wortsilben.
Kreise die Silben der Dinge, die schwimmen können,
in blau, die Silben der Dinge, die nicht schwimmen
können, in braun ein.

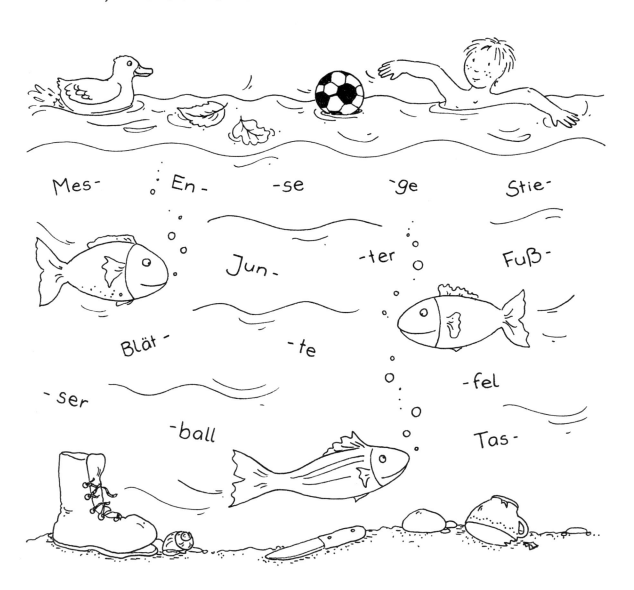

Mes- En- -se -ge Stie-

Jun- -ter Fuß-

Blät- -te

-ser -fel

-ball Tas-

Tunwörter einsetzen

Setze die passenden Tunwörter aus dieser Liste ein.

wünschen, schreiben, kaufen, antworten,
lesen, lachen, binden, essen, werfen, singen

Ich _____ ein Lied.

Ich _____ einen Apfel.

Ich _____ mir die Schuhe zu.

Ich _____ über einen Witz.

Ich _____ ein spannendes Buch.

Ich _____ Milch und Butter ein.

Ich _____ mir eine neue Puppe.

Ich _____ einen Ball.

Ich _____ einen Brief.

Ich _____ dir auf deine Frage.

Formen finden

Diese Tunwörter kennst du. Bringe sie in die
richtige Form, sodass du ganze Sätze lesen kannst.

kommen   – Er kommt. _____

anfangen   – Er _____

sich freuen – Er _____

sitzen   – Er _____

antworten   – Er _____

nehmen   – Er _____

arbeiten   – Ich _____

dürfen   – Ich _____

ziehen   – Ich _____

treffen   – Ich _____

raten   – Ich _____

wünschen   – Ich _____

Wörter bilden

Setze die Silben mit den Wörtern „nehmen" und „geben" zusammen. Schreibe die neuen Wörter auf.

nehmen
ab-, zu-, weg-, vor-, unter-, über-, aus-, ein-

---

geben
über-, aus-, an-, zu-, nach-, auf-, ein-, ab-

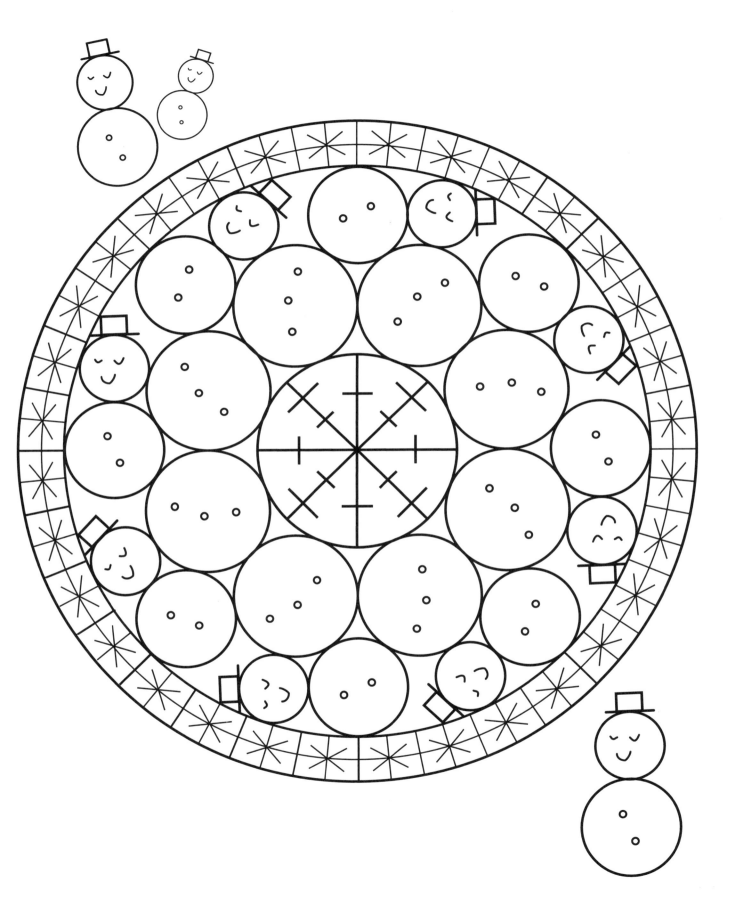

Buchstabe gesucht!

Mit welchem Buchstaben fangen die Wörter an?
Überlege, und schreibe die vollständigen Wörter auf.

b
t   ienen
d
_____

p
d   leiben
b
_____

k
b   rennen
f
_____

b
p   itten
d
_____

k
b   inden
r
_____

d
p   anken
b
_____

Rotkäppchen und der Wolf

Findest du alle Fragezeichen in diesem Bild?
Wie viele sind es?
Male die Sprechblase mit dem Fragesatz grün aus.

Großmutter, warum hast du so große Ohren?

Damit ich dich besser hören kann!

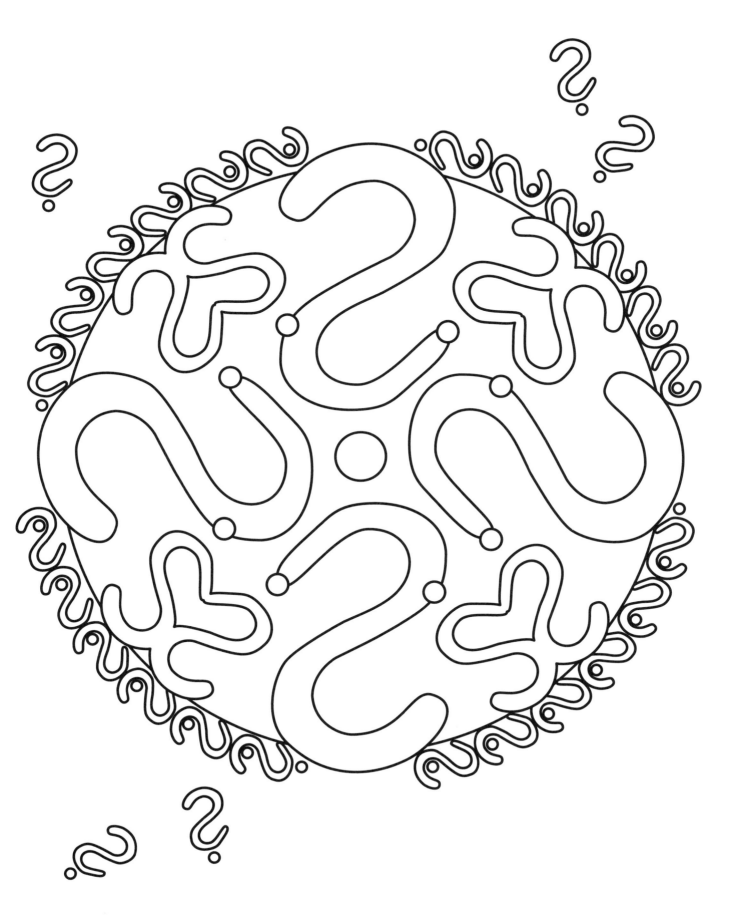

Satzzeichen gesucht!

Bei diesen Sätzen fehlen viele Satzeichen.
Setze sie richtig ein.

? ! .

Thomas hat morgen Geburtstag___
Er wünscht sich ein Meerschweinchen___
Ob er es tatsächlich bekommt___
Seine Mutter ruft: „Thomas, komm doch einmal her___
Wollen wir morgen ins Schwimmbad gehen___"
„Hurra___", freut sich Thomas___
Heute ist ihm langweilig___
Es regnet schon den ganzen Tag___
Thomas ruft seinen Freund Andreas an___
„Spielst du mit mir___", fragt er___
„Wie schön, dass du angerufen hast___", freut sich
Andreas___
„Komm doch zu mir___"
Thomas bricht sofort auf___
Es wird bestimmt ein schöner Nachmittag mit
Andreas___
Wie wohl morgen sein Geburtstag werden wird___

Die Feuerwehr

Kannst du aus den Wörtern einen Satz bilden?
Schreibe ihn auf.

_____ .

Lösungen

Seite 2: **Ko**pf, **kau**fen, **kos**ten, Mar**k**t, **Zeit**, Se**pt**ember, **Tie**r, Pu**ppe**, Sch**wa**nz, **Woh**nung, **Re**gen, **Ab**end

Seite 4: Licht, Feld, Not, lachen (hier beginnen alle anderen Wörter mit dem Buchstaben „k")

Seite 6: Diese Gegenstände hat Sabine beim Stolpern verloren: Brot, Brief, Geld, Butter, Birnen.

Seite 8: **R**ei**he**, **S**ei**te**, **Pr**ei**s**, **Zeit**, **Br**ie**f**, zw**ei**, s**ie**gen, **ei**nen, arb**ei**ten, bl**ei**ben, **F**ei**nd**, **G**ei**st**, **Lie**be, **Tie**r, **Wie**se, w**ei**nen, gr**ei**fen, m**ei**nen, **ei**len, s**ie**ben

Seite 10:
```
G A K L G N O V E M B E R H D S A
D P G T S G X H S D G Z J D J K F
E R J K E T Z V N M E J A N U A R
Z I A R N B S F G A R M T U K F G
E L A T E G J C H R A Ä E W R S S
M J U N I W T A G R A R Z I L H E
B I G J U A H L B T E Z R S L T P
E O L A U G U S T L T J U L I A T
R O E W A G H T A B K Z S E Ä P E
A T F E B R U A R T M B E Ö Q R M
A N D R H F K U I O F M A I Ü E B
O K T O B E R Z S A E T Z G I T E
A B T E T R K L I B N R T F D A R
```

Seite 12: Dies ist die richtige Reihenfolge der Monate: Januar, Februar, März, April, Mai, Juni, Juli, August, September, Oktober, November, Dezember.

Seite 14: **der** Wind, **die** Erde, **das** Messer, **die** Welt, **der** Rücken; **der** Feind, **der** Regen, **die** Puppe, **die** Sache, **die** Uhr; **der** Freund, **die** Luft, **die** Zeit, **der** Tag, **der** Abend; **die** Wohnung, **das** Pferd, **das** Tier, **die** Kasse, **die** Nacht

Seite 16: Die Wörter lauten in der Mehrzahl:
die Puppen, die Freunde, die Messer, die Wohnungen,
die Sachen, die Berge, die Monate, die Plätze, die Pferde,
die Zimmer, die Stunden, die Köpfe.

Seite 18: Die Wörter, die du lesen sollst, heißen:
Uhr, Minutenzeiger und Stundenzeiger.
Auf der Uhr ist es drei Uhr.

Seite 20: Zusammengesetzte Namenwörter:
die Sonnenblume, der Brieffreund, die Fensterscheibe,
das Stofftier, der Schneemann, der Puppenwagen,
die Zimmerpflanze, die Haarspange, der Fußball,
der Pferdeschwanz, der Uhrzeiger.

Seite 22: Wetter, Regen, Scheibe, Fenster, Zimmer, Woche, Monat,
Gesicht, Stunde, Rücken.

Seite 24: Hund, Affe, Maus, Schwein, Tiger, Esel, Reh
Lösungswort: Hamster

Seite 26: dunkel-hell, fest-flüssig, gut-böse, jung-alt,
kalt-heiß, nass-trocken,
offen-geschlossen, reich-arm,
schön-hässlich, fremd-vertraut,
viel-wenig, wild-zahm.

Seite 28: Wenn es draußen **dunkel** ist,
kann man manchmal die Sterne sehen.
Die Erdbeeren sind **frisch** gepflückt.
Ich gehe noch **rasch** zum Bäcker.
Die Peperoni ist aber **scharf**.
Heute sind die Kinder besonders **still**, weil die Lehrerin
mit ihnen über das Schullandheim spricht.
Der Hund ist wirklich **treu**.
Heute kann ich **stolz** auf mich sein.
Ich war der Schnellste beim 50-m-Lauf.

Seite 30: Blau: Blätter, Fußball, Ente, Junge.
Braun: Stiefel, Tasse, Messer.

Seite 32: Ich **singe** ein Lied. Ich **esse** einen Apfel. Ich **binde** mir die Schuhe zu. Ich **lache** über einen Witz. Ich **lese** ein spannendes Buch. Ich **kaufe** Milch und Butter ein. Ich **wünsche** mir eine neue Puppe. Ich **werfe** einen Ball. Ich **schreibe** einen Brief. Ich **antworte** dir auf deine Frage.

Seite 34: Er kommt. Er fängt an. Er freut sich. Er sitzt. Er antwortet. Er nimmt. Ich arbeite. Ich darf. Ich ziehe. Ich treffe. Ich rate. Ich wünsche.

Seite 36: **ab**nehmen, **zu**nehmen, **weg**nehmen, **vor**nehmen, **unter**nehmen, **über**nehmen, **aus**nehmen, **ein**nehmen; **über**geben, **aus**geben, **an**geben, **zu**geben, **nach**geben, **auf**geben, **ein**geben, **ab**geben

Seite 38: **d**ienen, **b**leiben, **b**rennen, **b**itten, **b**inden, **d**anken

Seite 40:

Es sind neun Fragezeichen.

Seite 42: Thomas hat morgen Geburtstag. Er wünscht sich ein Meerschweinchen. Ob er es tatsächlich bekommt**?** Seine Mutter ruft: „Thomas, komm doch einmal her**!** Wollen wir morgen ins Schwimmbad gehen**?**" „Hurra**!**", freut sich Thomas. Heute ist ihm langweilig. Es regnet schon den ganzen Tag. Thomas ruft seinen Freund Andreas an. „Spielst du mit mir**?**", fragt er. „Wie schön, dass du angerufen hast**!**", freut sich Andreas. „Komm doch zu mir**!**" Thomas bricht sofort auf. Es wird bestimmt ein schöner Nachmittag mit Andreas. Wie wohl morgen sein Geburtstag werden wird**?**

Seite 44: Die Feuerwehr hilft Tieren in Not.